# BEI GRIN MACHT SICH IHR WISSEN BEZAHLT

AF136139

- Wir veröffentlichen Ihre Hausarbeit,
  Bachelor- und Masterarbeit

- Ihr eigenes eBook und Buch -
  weltweit in allen wichtigen Shops

- Verdienen Sie an jedem Verkauf

Jetzt bei www.GRIN.com hochladen
und kostenlos publizieren

GRIN

**Bibliografische Information der Deutschen Nationalbibliothek:**

Die Deutsche Bibliothek verzeichnet diese Publikation in der Deutschen National-bibliografie; detaillierte bibliografische Daten sind im Internet über http://dnb.d-nb.de/ abrufbar.

**Impressum:**

Copyright © 2019 GRIN Verlag
Druck und Bindung: Books on Demand GmbH, Norderstedt Germany
ISBN: 9783346033635

**Dieses Buch bei GRIN:**

https://www.grin.com/document/500565

Julia Schierle

# Persönlichkeitseigenschaften in der differentiellen Psychologie

GRIN Verlag

**GRIN - Your knowledge has value**

Der GRIN Verlag publiziert seit 1998 wissenschaftliche Arbeiten von Studenten, Hochschullehrern und anderen Akademikern als eBook und gedrucktes Buch. Die Verlagswebsite www.grin.com ist die ideale Plattform zur Veröffentlichung von Hausarbeiten, Abschlussarbeiten, wissenschaftlichen Aufsätzen, Dissertationen und Fachbüchern.

**Besuchen Sie uns im Internet:**

http://www.grin.com/

http://www.facebook.com/grincom

http://www.twitter.com/grin_com

# Persönlichkeitspsychologie
## Einsendeaufgabe

**Strait – Trait Debatte**

Studiengang :           Psychologie ( B.Sc.)

Modul :                 Persönlichkeitspsychologie/

Differentielle Psychologie

Abbildungsverzeichnis

Tabellenverzeichnis:

Abkürzungsverzeichnis

Die Übrigen verwendeten Abkürzungen sind an dieser Stelle nicht aufgeführt, da sie im Alltag gebräuchlich sind sowie im Wörterbuch nachschlagbar sind (wie etwa z.B., zzgl., d.h., bzw., ...).

In der vorliegenden Arbeit ist lediglich die Rede in der männlichen Form. Stets sind beide Geschlechter gemeint.

# Gliederung zu Alternative A

# 1. Persönlichkeitseigenschaften in der differentiellen Psychologie

*„Herr, ich danke dir dafür, dass du mich so wunderbar und einzigartig gemacht hast!*
*Großartig ist alles, was du geschaffen hast – das erkenne ich!"*
Psalm 139, 14 Lutherbibel

Jeder Mensch ist einzigartig, ein Individuum der Gesellschaft. Die persönlichen Eigenschaften, die einen Menschen charakterisieren, bestimmen unser Verhalten und unsere Entscheidungen. Die Persönlichkeitspsychologie, als ein Teil der Psychologie, befasst sich damit, „[...] in welchen Persönlichkeitsmerkmalen Menschen sich qualitativ oder quantitativ voneinander unterscheiden" (Roth, G. 2011, Kapitel 1: *Wie erfasst man Persönlichkeit?")* und wird auch als differentielle Psychologie bezeichnet. Eysenck (1948) beschreibt die Persönlichkeit als Summe der tatsächlichen oder potentiellen Verhaltensmuster, die durch Vererbung und die Umgebung bestimmt werden. Dabei ist das funktionelle Zusammenspiel von
Temperament, Charakter, Intelligenz, und Verfassung für das Auftreten des Verhaltensmusters entscheidend (vgl. Eysenck, 1948, S. 25). Um beobachtete Verhaltensmuster eines Menschen analysieren, beschreiben und erklären zu können, ist es notwendig, die Ausprägung der Persönlichkeitsdimensionen zu beschreiben, die im Resultat das Individuum ausmachen.
Dementsprechend ist auch der moderne Begriff der Persönlichkeit dynamisch. Darüber hinaus kann die menschliche Persönlichkeit in Bestandteile des Temperaments und des Charakters zerlegt werden, wobei die Erstere bereits im frühen Kindesalter weitgehend durch die Umwelt geprägt wird. Die Zweite mehr durch die Genetik .(Vgl. Montag 2016, S.14).

Persönlichkeit ist „[...] eine mehr oder weniger dauerhafte und stabile Organisation des Charakters, des Intellekts, des Temperaments und Körperbaus eines Menschen, die seine Anpassung an die Umwelt bestimmt" (H. J. Eysenck & Eysenck, 1987, S. 10). Eysenck unterscheidet dabei je nach Ausprägung der Dimensionen drei Persönlichkeitstypen: Extraversion, Psychotizismus und Neurotizismus (H. J. Eysenck & Eysenck, 1987). Tabelle 1 zeigt bestimmte Eigenschaften, welche die drei Persönlichkeitstypen charakterisiert.

| Persönlichkeitsfaktoren | Trait-Merkmale |
|---|---|
| Extraversion (Eysenck 1967, S. 36) | Geselligkeit, Impulsivität, Aktivität, Lebhaftigkeit |
| Introversion (Eysenck 1947 a, S. 29) | Beständigkeit, Rigidität, autonomes Ungleichgewicht, Sorgfalt und Irritierbarkeit |
| Neurotizismus (Eysenck u. Eysenck 1985, S. 14–15) | Ängstlich, depressiv, Schuldgefühle, geringes Selbstwertgefühl, gespannt, irrational, scheu, launisch und emotional |
| Psychotizismus (Eysenck u. Eysenck 1987, S. 16) | Aggressiv, kalt, egozentrisch, unpersönlich, impulsiv |

Tabelle 1: Trait-Merkmale der Persönlichkeitsfaktoren in Eysencks PEN-Theorie (aus: Boerner 2015, S. 74).

Die drei Persönlichkeitstypen entstanden durch Faktorisierung von Eigenschaftsbeschreibungen. Dabei wurden zunächst mit dem lexikalischen Verfahren alle Vokabeln übernommen, die menschliche Eigenschaften beschreiben. Durch wiederholtes Zusammenfassen, dem Faktorisieren, konnten Dopplungen beziehungsweise Ähnlichkeiten zwischen den Eigenschaftsbeschreibungen beseitigt werden und zu Grundmerkmalen kategorisiert werden (Roth, G. 2011, Kapitel 1 *Wie erfasst man Persönlichkeit?"*). Eine Erweiterung der Persönlichkeitstypen erfolgte durch Cattell (1945) oder Goldberg (1982), welche die drei bestehenden Persönlichkeitstypen auf Fünf erweiterten. Tabelle 2 beschreibt die durch Faktorisieren entstehenden Persönlichkeitstypen und deren Eigenschaften.

| N | Negative Emotionalität | versus | Belastbarkeit |
|---|---|---|---|
| E | Extraversion | versus | Introversion |
| O | Offenheit für Erfahrung, Kreativität, (geistige) Beweglichkeit, Neugier | versus | Konservatismus, Beharrlichkeit, Tradition, Unbeweglichkeit |
| A | Anpassung, Kooperation, Konformität, Verträglichkeit | versus | (kompetitive) Konkurrenz, Reaktivität, Antagonismus |
| C | Conscientiousness, Gewissenhaftigkeit | versus | Nachlässigkeit, Lockerheit |

Tabelle 2: Die fünf Hauptdimensionen der Persönlichkeit – Big Five (aus: Simon 2006, S. 116).

Die aufgeführten beispielhaften Eigenschaftsbeschreibungen der Persönlichkeit beschreiben stabile Eigenschaften, die unabhängig von einer konkreten Situation vorhanden sind. So ist z.b. ein Mensch, der Ordnung liebt, ein ordentlicher Mensch, unabhängig davon, ob er sich zu Hause oder im Urlaub befindet. Gleiches gilt für Menschen, die ängstlich sind; so z.B. bei der Angst vor Neuem. Dabei ist es unerheblich, ob es eine berufliche oder eine private neue Situation ist. Der Mensch ist grundsätzlich von Angst geprägt.

## 1.1 Erläuterung der State-Trait- Debatte

Persönlichkeitspsychologen sind im Wesentlichen der Meinung, dass der zentrale Kern des Menschen seine Charaktereigenschaft ist.
Persönlichkeitsmerkmale sind charakteristische Verhaltensweisen und Gefühle, die beständig und dauerhaft sind. Im Gegensatz zu Eigenschaften, bei denen es sich um stabile „Merkmale" handelt, handelt es sich bei Zuständen um temporäre Verhaltensweisen oder Gefühle, die von der Situation und den Motiven einer Person zu einem bestimmten Zeitpunkt abhängen.
Eigenschaften, welche die Persönlichkeit eines Menschen charakterisieren werden daher in zwei Eigenschaftsgruppen eingeteilt: Traits und States.
„Als Traits werden stabile Einstellungen und Verhaltensweisen bezeichnet, die unabhängig von einer konkreten Situation […] vorhanden sind. Unter States werden situative Faktoren, die im Moment der Kontaktaufnahme auftreten, verstanden" (Schnauber & Daschmann 2008, S. 98).
Unter Traits versteht man zeitstabile Eigenschaften eines Menschen, die sich entsprechend der Definition nur wenig oder langsam ändern (Montag 2016,S.7).
Spielberger hat bezogen auf die Eigenschaft der Ängstlichkeit das State-Trait-Modell der Angst entwickelt. Dieses Modell unterscheidet dabei zwischen der Zustandsangst oder State-Angst und der Eigenschaftsangst oder Trait-Angst. Die State-Angst beschreibt dabei einen vorübergehenden emotionalen Zustand, der mit subjektiven, bewusst wahrgenommenen Gefühlen der Spannung einhergeht. Die Eigenschaftsangst hingegen wird als relativ stabile Anfälligkeit für Angstreaktionen beschrieben (Laux; Glanzmann; Schaffner & Spielberger 1981). Ein weiteres Modell, welches die State-Trait-Einteilung verwendet ist das State-Trait-Modell des Ärgers.

(Schwenkmezger; Hodapp & Spielberger 1992). Es wird dabei zwischen aktuellem Zustandsärger (= State-Ärger) und der Eigenschaft, Situationen als ärgerprovozierend zu empfinden und oft Ärger zu erleben unterschieden (= Trait-Ärger) (Kupper & Rohrmann, 2016, S. 15).

Wichtig ist, darauf hinzuweisen, dass der Trait-Begriff von einem weiteren Begriff – nämlich dem State-Begriff – abzugrenzen ist. States beschreiben Zustände einer Person zu einem bestimmten Zeitpunkt. Darunter fällt auch die aktuelle Stimmung einer Person (Montag 2016, S.10).


**1.2 Alltagsbeispiele zur Wichtigkeit der Unterscheidung von State-Trait**


Im Bereich der Verhaltens- und Entwicklungsforschung ist eine Unterscheidung in State- und Trait Eigenschaften wesentlich zur Erklärung von beobachteten Verhaltensweisen.

Ein einfaches Beispiel, um den Unterschied zwischen State- und Trait-Eigenschaften zu verdeutlichen, ist folgendes: Wird man auf der Straße von einem Hund angebellt und erschreckt sich, so ist dies ein kurzer Moment der Ängstlichkeit, die jedoch nur ausgelöst durch die Situation des Unerwarteten entsteht. Es ist damit eine State-Eigenschaft. Leidet man jedoch unter einer permanenten Angst vor Hunden, die sich z.b. dadurch auszeichnet, dass man um Hunde unabhängig von deren Verhalten und Größe einen großen Bogen macht, d.h. unter einer Hundephobie leidet, so spricht man von einer Trait-Eigenschaft. Die Angst ist unabhängig von einer Situation immer vorhanden.

Es ist kommt daher bei der Einordnung in State- und Trait-Eigenschaften auf die Fragestellung an. Mit der Aussage „Ich bin generell ängstlich." kann die Ängstlichkeit als Trait-Eigenschaft diagnostiziert werden. Handelt es sich hingegen um die Aussage „Ich bin gerade ängstlich.", so wird damit die Ängstlichkeit als State-Eigenschaft diagnostiziert (Montag 2016, S.11). Gleiches gilt z.B. auch für die Eigenschaft der Nervosität. Ist man beispielsweise ein Mensch, der eher introvertiert ist, d.h. eher schüchtern und zurückhaltend, so würde diesem Menschen die Eigenschaft der Nervosität eher als Trait-Eigenschaft zugeordnet. Ein introvertierter Mensch ist lieber für sich allein und meidet die menschliche Umgebung, so dass jede Situation, in denen er unter Mitmenschen ist, für ihn eine bedrohliche und unwohle Situation bedeutet, die ihn nervös macht. Extrovertierten Menschen hingegen sind gerne unter anderen Menschen und knüpfen gerne soziale Kontakt. Solchen Menschen würde die Eigenschaft der Nervosität eher als State-Eigenschaft zugeordnet werden, wenn sie z.b. in einem Bewerbungsgespräch aufgrund der für sie wichtigen Situation, in der nicht vorherzusehen ist, was passiert, nervös erscheinen.

**1.3 Erläuterung der Wichtigkeit von State-Trait in Assessment-Center Verfahren**

Es ist entscheidend, wie eine Frage formuliert wird, um herauszufinden, welche State- und welche Trait-Eigenschaften einen Menschen charakterisieren.

Dies macht es auch umso bedeutender für die Anwendung der State- und Trait-Unterscheidung im Rahmen des Assessment-Centers. Im Assessment-Center werden Übungen durchgeführt, in denen bestimmte Situationen simuliert werden, um Personen hinsichtlich ihrer Persönlichkeitseigenschaften einschätzen und bewerten zu können. Im Assessment-Center werden durch bestimmte Übungen Rückschlüsse auf das Gesamtverhalten einer Person gezogen und nicht etwa bestimmte Fähigkeiten oder Eigenschaften beurteilt. So fand Neubauer (1989) in einer Analyse von Daten eines Assessment-Centers heraus, dass „Faktorenanalysen über die Einzelurteile stets Übungsfaktoren und keine Merkmalsfaktoren" (Neubauer 1989, S.203) ergeben. Daher ist es äußerst wichtig anzumerken, dass angesichts der Struktur des Assessment Centers, in solchen Praxissituationen nur die Merkmale der „State-Eigenschaften" in Bezug auf Einzelpersonen erfasst werden können. Unternehmen können aus den Beobachtungen des Assessment-Centers Persönlichkeitseigenschaften sammeln, die in konkreten, simulierten Situationen gemacht werden können. Für ein Unternehmen ist dies besonders wichtig, um herausfinden zu können, inwiefern ein Kandidat in bestimmten Situationen reagiert bzw. sich verhält. Dabei kommt den Problemlöse-, den Bewältigungs- und Konfliktlösestrategien eine besondere Bedeutung zu. Diese Fähigkeiten lassen sich in einem Assessment-Center besser und effektiver beobachten als in einem normalen Bewerbungsgespräch.

Allgemeine Aussagen über Eigenschaften einer Persönlichkeit, d.h. Trait-Eigenschaften sind jedoch im Assessment Center nur dann zu tätigen, wenn eine Eigenschaft oder ein Merkmal in mehreren ähnlichen Situationen immer wieder beobachtet werden kann. Erst dann, d.h. mit einer hohen Wiederholungshäufigkeit des beobachteten Verhaltens, lassen sich Trait-Eigenschaften daraus schließen.

## 2. Erläuterung des Intelligenzbegriffs

Guthke definiert Intelligenz als „[...] Oberbegriff für die hierarchisch strukturierte Gesamtheit jener allgemeine[r] geistige[r] Fähigkeiten [...], die das Niveau und die Qualität der Denkprozesse einer Persönlichkeit bestimmen und mit deren Hilfe die für das Handeln wesentlichen Eigenschaften einer Problemsituation in ihren Zusammenhängen erkannt und die Situation gemäß dieser Einsicht entsprechend bestimmten Zielstellungen verändert werden kann" (Guthke, 1996, S. 77). Edwin Boring (1923) hingegen definierte Intelligenz bloß als Ergebnis eines Tests. Die Definitionen von Intelligenz basieren dabei auf verschiedenen Forschungsansätzen, u.a. dem Ansatz der Informationsverarbeitung, dem psychometrischen Ansatz und dem entwicklungspsychologischen Ansatz (Funke, Vaterrodt 2009, S. 10). Der Ansatz der Informationsverarbeitung betrachtet Intelligenz als Prozess geistiger Leistung, die sich auf die Wahrnehmung und Verarbeitung von Informationen beziehen. So hat Neubauer (1995) herausgefunden, dass die Wahrnehmung und Verarbeitung von Informationen schneller ablaufen, wenn eine höhere Intelligenz vorliegt. Intelligenz ist nach diesem Ansatz ein Maß für die Geschwindigkeit des Wahrnehmungs- und Verarbeitungsprozesses. Der psychometrische Ansatz oder auch kognitionspsychologischer Ansatz betrachtet Intelligenz als Fähigkeit, sich Informationen anzueignen, zu speichern und zu verarbeiten, die eine hohe Generalität und zeitliche Stabilität aufweisen (Süß 2003, S.217-218). Der Ansatz der Entwicklungspsychologie geht davon aus, dass Intelligenz keine stabile Fähigkeit ist, sondern sich im Laufe der Kindesentwicklung weiterentwickelt. Bjorklung (2005) und Hany (2001) haben festgestellt, dass die Stabilität der Intelligenz mit dem Alter ständig zu nimmt. So geht Piaget davon aus, dass sich die Intelligenz aufgrund der Veränderung von Denkstrukturen weiterentwickelt (Piaget, Inhelder 1980).

Intelligenz wird meist definiert als allgemeine Fähigkeit zum Denken oder Problemlösen in Situationen, die für das Individuum neuartig, d. h. nicht durch Lernerfahrungen vertraut sind, sodass keine automatisierten Handlungsroutinen zur Problemlösung eingesetzt werden können (Perleth 2008, S.15).

## 2.1 Intelligenzmodelle

Psychometrische Studien der Intelligenz, wurden in den ersten Jahrzehnten des 20. Jahrhunderts in zwei Richtungen durchgeführt : Eindimensionalen Modelle der Intelligenz in der Tradition von Spearman (20er Jahre), die allgemeine Intelligenz „g" (vom englischen „generell intelligence") als einen Bereich unspezifischer, umfassender Fähigkeiten, die für die Bewältigung geistiger Aufgaben benötigt wird, wobei von Fall zu Fall noch spezifische, auf die jeweilige Aufgabe bezogene Kompetenzen hinzukommen müssen (z. B. Wortschatz bei verbalen Aufgabenstellungen). Mehrdimensionale Modelle thematisieren mehrere unabhängige Intelligenzmodelle (Perleth 2008, S.15).

Multidimensionale Modelle konzipieren mehrere unabhängige Intelligenzdimensionen, die bei der Bearbeitung einer konkreten Aufgabe zusammenwirken müssen (Perleth 2008, S.17).

### 2.1.1. Zwei-Faktoren-Theorie

Spearmann (1904) folgerte aus der positiven Korrelation mehrerer Intelligenztests an eine Personenstichprobe, dass die Leistung von zwei Faktoren abhängig ist, der Varianzkomponente oder auch allgemeine Intelligenz (g) und der spezifischen Aufgabenkomponente (s). Catell (1957, 1965, 1973) entwickelte die Generalfaktorentheorie zu einer Zweifaktorentheorie weiter und unterschied zwischen flüssiger und kristalliner Intelligenz (Heller 1976, S. 25). Der Faktor der flüssigen (fluid) Intelligenz beschreibt „[...] die Fähigkeit im Sinne einer allgemeinen, weitgehend angeborenen Leistungskapazität zur Relationserfassung [...]" (ebd. S. 25). Der Faktor der kristallinen Intelligenz „[...] ist die Summe aller Einzelfähigkeiten zur Relationserfassung im Hinblick auf spezielle Leistungsbereiche [...]" (ebd. S. 26).

### 2.1.2. Primary Mental Abilities

Thurstone entwickelte 1938 ein Modell, welches sieben unabhängige Fähigkeiten (Primary Mental Abilities) umfasste. Zu diesen Fähigkeiten zählten: verbal comprehension, word fluency, number, space, memory, perceptual speed und Induction oder Reasoning. Tabelle 3 zeigt, was unter den Fähigkeiten zu verstehen ist.

| Verbal comprehension | Wortschatz, Sprachverständnis, sprachlogisches Denken |
|---|---|
| Word fluency | Fähigkeit, möglichst schnell viele Worte zu produzieren, die bestimmten strukturellen und symbolischen Erfordernissen genügen |
| Number | Gewandtheit (Schnelligkeit und Präzision) bei der Ausführung einfacher Rechenoperationen |
| Space | Räumliches Vorstellungsvermögen bei zwei und dreidimensionalen Objekten |
| Memory | Fähigkeit, kurz zuvor eingeprägte Informationen und Assoziationen richtig wiedergeben zu können |
| Perceptual speed | Fähigkeit zur schnellen und genauen visuellen Wahrnehmung von Details |
| Induction oder Reasoning | Denkfähigkeit, Fähigkeit zum induktiven und deduktiven Denken |

Tabelle 3: Die sieben Fähigkeiten des Primary-Mental-Abilities Theorie (Süß 2003, S.218-219).

### 2.1.3. Berliner Intelligenz Strukturmodell

Jäger entwickelte 1982 ein Modell, welches die Unterschiede der bisherigen Intelligenzmodelle erklären sollte und die Modelle zu einem Gesamtmodell verband. „Das Berliner Intelligenzstrukturmodell ist ein integratives, hierarchisches und bimodales Strukturmodell der Intelligenz" (Süß 2003, S. 219). Das Modell geht davon aus, dass jede Intelligenzleistung mit allen intellektuellen Fähigkeiten, aber mit unterschiedlicher Gewichtung, verknüpft ist. Es entsteht eine Fähigkeiten Hierarchie, die in Abbildung 1 dargestellt ist. An der Spitze steht die Allgemeine Intelligenz, die aus dem Zwei-Faktoren-Modell hervorgeht. Darunter sind die sieben Fähigkeiten des Primary-mental-Ability-Modells angeordnet, die sich wiederum in die Facetten Operationen und Inhalt unterteilen lassen. Die Raute mit ihren zwölf Facetten bildet dabei die dritte Ebene und stellt die Kombination der Fähigkeiten dar.

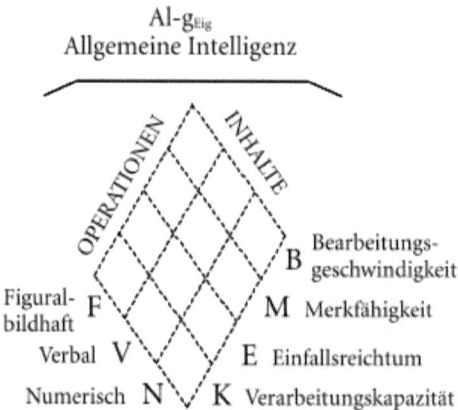

Abbildung 1: Das Berliner Intelligenzstrukturmodell nach A. O. Jäger (1997)

## 2.2 Parallelen und Unterschiede der Modelle

Die drei dargestellten Modelle unterscheiden sich insofern, als sie in ihrer Komplexität zunehmen. So umfasst das Zwei-Faktoren-Modell nur zwei Komponenten, das Primary-Mental-Ability-Modell bereits sieben und das Berliner Intelligenzstrukturmodell als integratives Modell der beiden vorherigen Modelle einen Faktorenkomplex. Gemeinsam haben die drei Modelle aber, dass sie alle Intelligenz aus kognitionspsychologischer Sicht betrachten und Intelligenz als Fähigkeit ansehen. Die Unterscheidung liegt dabei nur in der Definition der der Intelligenz zugrundeliegenden Fähigkeiten.

## 2.3   Sinnvoller Einsatz von Intelligenztests im Alltag

Es wird deutlich, dass die Intelligenz als komplexes Konstrukt gesehen werden kann, welches nur schwierig zu erfassen ist. Tests sollen „[...] konstruktvalide Messinstrumente für die zur Messung intendierten Konstrukte [...]" (Süß 2003, S. 222) darstellen. Für die Konstruktion von Intelligenztests heißt das, „[...] dass die zugrundeliegenden Strukturmodelle auf der Grundlage von repräsentativen Daten repliziert werden können" (Süß 2003, S. 222). Die Problematik von Intelligenztests liegt in der Vergleichbarkeit der Testergebnisse. Die derzeit verfügbaren Intelligenztests erfassen oft unterschiedliche Fähigkeiten und lassen daher keine eindeutige Aussage über den Grad der Intelligenz zu. Ein bedeutsamer Test, der mehrere Fähigkeiten testet, ist der 1956 von Wechsler entwickelte Intelligenztest. Er umfasst die Bereiche Allgemeinwissen, Wortschatz, rechnerisches Denken, audio-visuelle Aufnahmefähigkeit und Abstraktionsvermögen. Ein weiterer Test, der auf dem Berliner Intelligenzstrukturmodell beruht, ist der Berliner-Intelligenz-Struktur-Test (BIS-4). Dieser umfasst die Bereiche Bearbeitungsgeschwindigkeit, Merkfähigkeit, Einfallsreichtum, Verarbeitungskapazität, sprachgebundenes Denken, zahlengebundenes Denken und anschauungsgebundenen Denken (Jäger, Süß & Beauducel 1997).


## 2.4 Kritik an Intelligenztests


Bereits die beiden exemplarisch dargestellten Intelligenztests zeigen, dass eine eindeutige Aussage zur Intelligenz anhand von Intelligenztests nicht sinnvoll erscheint, da sie nicht allgemeingültig sind und nicht dieselben kognitiven Fähigkeiten zur Intelligenzeinschätzung abfragen. Eine sinnvolle Interpretation von Intelligenztests ist nur dann möglich, wenn eine theoretische Einordnung der erfassten Fähigkeit erfolgt (Mickley; Renner 2010, S. 448).

Besonders in der Kinderpsychologie finden Intelligenztests Anwendung, um den kognitiven Entwicklungsstand und eventuell vorliegende Entwicklungsstörungen diagnostizieren zu können (Daseking, Janke & Petermann 2006) oder zur Diagnostizierung einer vorliegenden Hochbegabung (Rost, Sparfeldt & Schilling 2006). Allerdings muss die fehlende Eindeutigkeit des Ergebnisses und der Vergleich mit Ergebnissen anderer Intelligenztests bei der Diagnose betrachtet werden. Daraus folgt, dass das Ergebnis eines Intelligenztests nur als Anhaltspunkt für ein weiteres Handeln oder ein Urteil verwendet werden sollte.

Da, wie oben beschrieben, Intelligenztests wegen der Erfassung von unterschiedlichen Fähigkeiten keine eindeutigen Aussagen über die Intelligenz eines

Menschen zulässt, kann der Intelligenztest im Rahmen der Personalauswahl nicht als eindeutiges und allgemeingültiges Entscheidungskriterium sinnvoll sein. Es kann jedoch geeignet sein, je nach Stellenbeschreibung, einen Intelligenztest zu nutzen, um bestimmte für die Arbeit geforderte Fähigkeiten vorab zu diagnostizieren, um eine Vorauswahl treffen zu können, d.h. den Bewerberkreis eingrenzen zu können.

Abschließend lässt sich sagen, dass die Messung von Intelligenz durch die fehlende eindeutige Definition darüber, was Intelligenz bedeutet und beschreibt, nur vage möglich ist. Die bisher entwickelten Intelligenztests decken jeweils nur einen bestimmten Fähigkeitsbereich ab, der nicht dazu geeignet ist, eine allgemeingültige Aussage über das komplexe Konstrukt der Intelligenz als Resultat mehrerer kognitiver Fähigkeiten machen zu können. Es scheint lediglich sinnvoll, Intelligenztests als Anhaltspunkt zu nutzen, die jedoch z.B. im Bereich der Diagnose von Entwicklungsstörungen oder Hochbegabung stets mit direkten Beobachtungen verknüpft werden sollten. Denn auch Intelligenztests sind ebenso wie jede Prüfung lediglich ein Instrument, welches die Momentaufnahme eines derzeitigen Leistungsstandes oder Lernstandes widerspiegelt.


## 3. Unterscheidung von Persönlichkeitstypologien zu dimensionalen Ansätzen

Eine Auseinandersetzung mit den Persönlichkeitstypologien dient dem besseren Verständnis von Verhaltensmustern seiner Mitmenschen, was wiederum die zwischenmenschlichen Beziehungen fördert. Menschen als Individuen reagieren unterschiedlich auf äußere Reize oder Situationen, weshalb eine Analyse der Persönlichkeitstypologien seiner Mitmenschen von hoher Bedeutung ist (Jung 2014, S. 3). Persönlichkeitseigenschaften sind hypothetisch wahrgenommene Merkmale, die für alle Menschen in unterschiedlicher Form vorliegen. Eigenschaften bezeichnen typischerweise Merkmale, die einem Ding, Prozess oder einer Beziehung zukommen (Erpenbeck 2010, S.81).

Im Gegensatz zum kategorialen Ansatz geht der dimensionale Ansatz davon aus, dass die beobachteten Phänomene auf bestimmten Dimensionen beruhen, dass die ermittelten Unterschiede überwiegend quantitativ sind. Weiterhin wird davon ausgegangen, dass die feststellbaren Unterschiede für alle quantitativer Natur und kontinuierlich verteilt sind. Qualitative Unterschiede bei diesem Ansatz können nur zwischen mehreren zugrundeliegenden Dimensionen bestehen. Eysenecks Ansatz ist einer der wenigen, die auch biologisch begründet sind. Außerdem ist er der Überzeugung, dass die Persönlichkeit relativ stabil und dauerhaft ist. Die Beschreibung (Diagnose) einer psychischen Störung tritt auf durch Feststellung des Schweregrads einer oder mehrerer Dimensionen des Klassifizierungssystems (Margraf & Schneider 2009, S.184-185).

## 3.1. Beispiel für Persönlichkeitstypologie

Die Theorien der Persönlichkeitstheorien haben ihre Wurzeln in der Astrologie und haben sich seither ständig weiterentwickelt. An dieser Stelle werden zwei bedeutende Theorien dargestellt; die von Carl Gustav Jung und von Fritz Riemann.

C.G. Jung war der Ansicht, dass sich menschliches Verhalten nicht einem eindeutigen Persönlichkeitstyp zuordnen lässt, sondern vielmehr das menschliche Verhalten zwei Muster aufweist, die unterschiedlich ausgeprägt sind (Jung 2014, S. 27). Nach Jung unterscheiden sich Menschen nach der Einstellung zu ihrer Umwelt. Es gibt solche, die mehr auf die Außenwelt gerichtet, d.h. extravertiert oder solche, die sich nach innen konzentrieren, d.h. introvertiert, sind (Jung 2014, S. 27).

„Extravertierte Menschen sind der Außenwelt zugewandt, lebhaft und lieben den Kontakt mit den Mitmenschen. Eine An- und Einpassung in eine Gruppe fällt ihnen nicht schwer [...]" (Jung 2014, S. 27).

„Introvertierte Menschen meiden den Kontakt mit der Außenwelt und richten sich mehr nach innen. Sie sind zumeist scheu, verschlossen und teilweise weltfremd [...]. Ihrer Umwelt gegenüber sind sie zurückhaltend, schweigsam und zeigen nur geringe Bereitschaft, auf andere einzugehen" (Jung 2014, S. 27).

Neben den dargestellten Einstellungen eines Menschen zu seiner Umwelt unterscheidet Jung vier Grundfunktionen der Psyche, aus denen sich in Kombination mit der Einstellung acht mögliche Persönlichkeiten ergeben.

Die vier Grundfunktionen der Psyche sind dabei die rationale Funktion des Denkens und Fühlens sowie die irrationale Funktion des Empfindens und Intruierens (Jung 2014, S. 28).

| Funktion | Typ Extraversion | Typ Introversion |
|---|---|---|
| Denken | objektiv, lebt nach Regeln, ignoriert seine Spiritualität | intellektuell, wirkt kalt und unnahbar, fühlt sich in sozialen Situationen unwohl |
| Fühlen | konventionell, umgänglich, angepasst | ruhig, nachdenklich, wirkt geheimnisvoll, fühlt intensiv |
| Empfinden | unbesonnen, genussfreudig, initiativ | sehr empfindlich, ruhig, passiv |
| Intuition | kreativ, vertraut eigenen Ahnungen, begeisterungsfähig, spekulativ | verschlossen, wirkt verträumt, visionär, künstlerisch |

Tabelle 4 :S.24 nach C.G. Jung 1971

Eine weitere bedeutsame Theorie ist die von F. Riemann, der die Persönlichkeitsstrukturen des Menschen aus den Grundformen der Angst entwickelte (Jung 2014, S. 67). Angst ist ein Bestandteil jedes Individuums, welches sich durch kein Mittel und keine Methode vollständig verdrängen lässt (Jung 2014, S: 67). Riemann unterscheidet dabei vier Grundformen der Angst: Die Angst vor der Selbsthingabe, die Angst vor Selbstwerdung, die Angst vor Wandlung und die Angst vor der Ordnung und Notwendigkeit.

Bei der Angst vor der Selbsthingabe handelt es sich um „[…] die Forderung, nach Individualität, nach der Entwicklung zu einem unverwechselbaren Menschen." (Jung 2014, S.69). Bei der Angst der Selbstwerdung handelt es sich um „[…] die Forderung, die Persönlichkeit einem übergeordneten Ganzen unterzuordnen, sich den Mitmenschen zu öffnen." (Jung 2014, S.69). Bei der Angst der Wandlung handelt es sich um die Forderung, „[…] die Dauer anzustreben, d.h. die Zukunft zu planen und zielstrebig zu sein. Sie treibt uns zum Handeln, um unsere Ziele zu verwirklichen" (Jung 2014, S. 69). Bei der Angst vor der Ordnung und Notwendigkeit „[…] handelt es sich um die Forderung nach der Bereitschaft, uns zu verändern. Diese Forderung nach Weiterentwicklung beinhaltet die Angst vor Ordnung, Gesetzen und Gewohnheiten" (Jung 2014, S. 70).

Aus diesen Grundformen der Ängste entwickelte Riemann die vier Persönlichkeitstypologien: den Schizoiden, den Depressiven, den Zwangsneurotiker und den Hysteriker. Abbildung 2 zeigt die Verbindung der Grundformen der Angst mit den vier Persönlichkeitstypologien

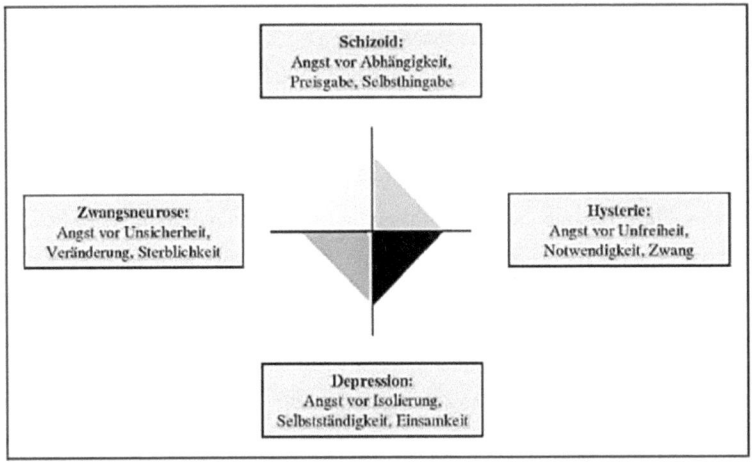

Abbildung 2: Die vier Persönlichkeitstypologien nach Riemann (aus: Jung 2014)

## 3.2 Beispiel für dimensionale Ansätze

So könnte das Beispiel aus dem vorangegangenen Absatz in ein zweidimensionales System mit den Dimensionen »Depression« und »Angst« eingeordnet werden (z. B. für den ersten »Fall« Depressionsausprägung hoch, Angstausprägung niedrig). Ein klassisches Beispiel für einen dimensionalen Ansatz ist das dreidimensionale Modell von Eysenck mit seinen Faktoren Extra-/Introversion, Neurotizismus und Psychotizismus (Margraf & Schneider 2009, S.185).

Eine hohe oder niedrige Ausprägung bedeutet in diesem Zusammenhang, dass die Werte der Person sich signifikant vom Durchschnitt der jeweiligen Normstichprobe (Normwert) unterscheiden. Personen mit einer hohen oder niedrigen Ausprägung in einem der Faktoren weisen aber nicht zwingend alle Merkmale auf, welche für die Skala charakterisierend sind. (www.karteikarte.com - klinische Psychologie)

## 3.3 Praktischer Nutzen beider Ansätze im beruflichen Alltag

In den letzten Jahren lässt sich nun allmählich eine langsame Beruhigung des Streites beobachten, die verschiedenen Standpunkte scheinen sogar in Richtung auf eine einheitliche Optimierung des wissenschaftlichen und praktischen Nutzens zu konvergieren. Nach einer Phase der teilweisen Ablehnung beschäftigt sich die Verhaltenstherapie wieder vermehrt mit der Klassifikation psychischer Störungen. Dazu haben vor allem drei Entwicklungen beigetragen:

- wachsendes Störungswissen und darauf aufbauend die zunehmende Entwicklung störungsspezifischer Therapieverfahren bewirken, dass Klassifikation auch tatsächlich zu therapeutischen Konsequenzen führen kann.

- Methodische Neuerungen wie die Einführung operationalisierter Diagnosekriterien und standardisierter Verfahren zur Befunderhebung machten klassifikatorische Diagnosen deutlich zuverlässiger.

- Die Einführung des deutschen Psychotherapeutengesetzes und die Regelung der Krankenkassenabrechnung für psychotherapeutische Leistungen setzen beide eine klassifikatorische Diagnostik voraus. Diese Entwicklungen sind maßgeblich für den beruflichen Alltag und für die Klassifikation psychischer Störungen notwendig.

Der dimensionale Ansatz geht davon aus, dass sich psychische Störungen und Verhaltensauffälligkeiten nicht eindeutig von »normalem« Verhalten abgrenzen und sich keine eindeutig voneinander unterscheidbaren Klassen definieren lassen. Vielmehr wird angenommen, dass den beobachteten Phänomenen bestimmte Dimensionen zugrunde liegen, auf denen die Beobachtungen kontinuierlich verteilt sind (von unauffällig zu auffällig oder von gesund zu krank). Die feststellbaren Unterschiede sind dabei vor allem quantitativer Natur, so dass es keine klare Trennung zwischen den beiden Polen gibt. Im beruflichen Alltag kann der Nutzen z.B. in der Beurteilung der Auftretenshäufigkeit und Intensität der Symptome auf den Checklisten sein. Vorteil: es können auch subklinische Fälle erfasst werden. (www.karteikarte.com - klinische Psychologie)

18

### 3.3.1 Beispiel 1 für den Nutzen von Persönlichkeitstypologien im Umgang mit Patienten

Für die Personalentwicklung eignet sich die Theorie der Persönlichkeitstypologien besonders, da eine Betrachtung der Persönlichkeiten zur Entwicklung von zwischenmenschlichen Beziehungen unabdingbar ist. Aufbauend darauf kann das menschliche Gefüge aus Individuen besser miteinander interagieren, wenn bestimmte Verhaltensmuster bekannt sind. Im Umgang mit Patienten dient der kategoriale Ansatz der Abgrenzung einzelner Störungsbilder untereinander und Erleichterung der Verständigung über klinische Sachverhalte. Wenn z.B. ein Patient über Niedergeschlagenheit, Antriebslosigkeit und sozialen Rückzug berichtet. Dann ist es wichtig zu erfragen ob es exogene Ursachen, wie Unfälle gegeben hat, oder den Verlust eines nahestehenden Menschen vorausgegangen ist uvm., um im Ausschlußverfahren die Symptome zu einer Diagnose fest zu legen und z.B. nach ICD 10 ein zu kategorisieren. Daraus resultiert dann auch die Art der Behandlung.

### 3.3.2 Beispiel 2 für den Nutzen des dimensionalen Ansatzes im Umgang mit Patienten

Auch der dimensionale Ansatz lässt sich im arbeitspsychologischen Kontext anwenden. Bei der Personalauswahl wird in Bewerbungsgesprächen oft nach Stärken und Schwächen gefragt, die als Adjektive ausgedrückt werden. Diese Adjektivliste können Personalmanager dazu nutzen, um die Persönlichkeit des Menschen einordnen zu können, um daraus Schlüsse über Verhaltensmuster ziehen zu können Im Umgang mit Patienten lassen sich sehr gut Fragebögen verwenden, welche der Patient selbst ausfüllen kann. Darin sind dann Fragen, welche kein „Nein" oder „Ja" enthalten, sondern in denen der Patient selbst den Schweregrad festlegen kann wie auf einer Skala, z.B. durch Abstufungen wie: In engen Räumen habe ich sehr viel Angst, weniger Angst, gar keine Angst, fühle ich mich wohl, geht es mir richtig gut.
Die kann für den Therapeuten hilfreich sein, um das subjektive Erleben des Patienten zu erfassen.

# Literaturverzeichnis

Beate Becker, Grundlagen der differentiellen Persönlichkeitspsychologie Studienbrief SRH

Bjorklund, D.F. (2005). Children's thinking. Cognitive development and individual differences. Belmont: Thomson Wadsworth.

Boerner, R.J. (2015): Temperament: Theorie, Forschung, Klinik. Springer-Verlag.

Daseking, M., Janke, N. & Petermann, F. (2006). Intelligenzdiagnostik. Monatsschrift Kinderheilkunde, 154, 314–319.

Edwin G. Boring (1923): "Intelligence as the Tests Test It." New Republic 36 (1923): 35-37.

Erpenbeck John (2010) Vereinfachung durch Komplexität. Persönlichkeitseigenschaften und Kompetenzen. Sitzungsberichte der Leibniz-Sozietät der Wissenschaften zu Berlin 108, 79-91

Eysenck HJ (1948): Dimensions of personality. 2. Auflage. London: Routledge and Kegan Paul.

Eysenck, H.J. & Eysenck, M.W. (1987). Persönlichkeit und Individualität. München, Weinheim: Psychologie Verlags Union.

Funke, J.; Vaterrodt, B. (2009): Was ist Intelligenz? C.H.Beck Wissen.

Gerhard, R. (2011): Persönlichkeit, Entscheidung und Verhalten: Warum es so schwierig ist, sich und andere zu ändern. Kletta-Cotta.

Guthke, J. (1996), Intelligenz im Test. Wege der psychologischen Intelligenzdiagnostik, Göttingen.

Hany, E.A. (2001). Die Vererbung der Intelligenz unter der Entwicklungsperspektive. Lengedrich: Pabst.

Heller, K. (1976): Intelligenz und Begabung. - 1. Aufl. - München, Basel: E. Reinhardt (Studienhefte Psychologie in Erziehung und Unterricht).

Jäger, A.O., Süß, H.-M. & Beauducel, A. (1997). Berliner Intelligenzstruktur-Test. BIS-Test, Form 4. Göttingen: Hogrefe.

Jäger, A.O.; Süß, H.-M. und Beauducel, A. (1997): Mehrdimensionale Intelligenzdiagnostik mit dem Berliner Intelligenzstruktur-Test" (BIS-Test, Form 4) Göttingen: Hogrefe Verlag für Psychologie.

Jung, H. (2014): Persönlichkeitstypologie: Menschenkenntnis als Instrument der Mitarbeiterführung. Walter de Gruyter GmbH & Co KG.

Kleinhenz, S. (2015): Dialogisches Management zur Steigerung der Mitarbeiterzufriedenheit. Springer Fachmedien Wiesbaden.

Kupper, K. & Rohrmann, S. (2016). Das State-Trait-Ärgerausdrucksinventar-2 für Kinder und Jugendliche (STAXI-2 KJ). Bern: Hogrefe.

Laux, L.; Glanzmann, P.; Schaffner, P. & Spielberger, C.D. (1981): STAI Das State-Trait-Angstinventar. BELTZ:TEST.

Margraf J., S.Schneider (2009).Lehrbuch der Verhaltenstherapie Band 1. 3. Auflage. Springer:Heidelberg

Mickley, M.; Renner, G. (2010): Intelligenztheorie für die Praxis: Auswahl, Anwendung und Interpretation deutschsprachiger Testverfahren für Kinder und Jugendliche auf Grundlage der CHC-Theorie In: Klinische Diagnostik und Evaluation, 3. Jg., 447–466.

Montag, C. (2016): Persönlichkeit. Auf der Suche nach unserer Individualität.11.Auflage. Springer Verlag.

Neubauer, R. (1989): Implizite Eignungstheorien im Assessment Center (AC). In C. Lattmann (Hrsg.), Das Assessment-Center-Verfahren der Eignungsbeurteilung: Sein Aufbau, seine Anwendung und sein Aussagegehalt (S. 191-221). Heidelberg: Physica-Verlag.

Neubauer, A. (1995): Intelligenz und Geschwindigkeit der Informationsverarbeitung. Springer-Verlag:Wien.

Ostendorf, F. & Angleitner, A. (2004). NEO-Persönlichkeitsinventar nach Costa und McCrae. Revidierte Fassung. Göttingen: Hogrefe.

Piaget, J.; Inhelder, B. (1980): Gedächtnis und Intelligenz.Klett-Cotta.

Rost, D.H., Sparfeldt, J.R. & Schilling, S.R. (2006). Hochbegabung. In K. Schweizer (Hrsg.), Leistung und Leistungsdiagnostik (S. 187–222). Berlin: Springer.

Schnauber, A. & Daschmann, G. (2008): States oder Traits? In: Methoden – Daten – Analysen Jg. 2, H. 2, S. 97-123.

Schwenkmezger, P., Hodapp, V. & Spielberger, C. D. (1992). Das State-Trait-Ärgerausdrucks-Inventar STAXI. Bern: Huber.

Simon, W. (2006): Persönlichkeitsmodelle und Persönlichkeitstests: 15 Persönlichkeitsmodelle für Personalauswahl, Persönlichkeitsentwicklung, Training und Coaching. GABAL Verlag GmbH.

Spearman, C. (1904). ‚General intelligence', objectively determined and measured. American Journal of Psychology, 15, 201–293.

Süß, H.-M. (2003): Intelligenztheorien. In: Kubinger/Jäger (2003). Schlüsselbegriffe der Psychologischen Diagnostik. Weinheim: Psychologie Verlags Union. S. 217-224.

Thurstone, L.L. (1938). Primary mental abilities. Chicago: University of Chicago Press.

Wechsler, D. (1956): Die Messung der Intelligenz Erwachsener. Verlag Hans Huber, Bern.
http://www.karteikarte.com -klinische Psychologie

# BEI GRIN MACHT SICH IHR WISSEN BEZAHLT

- Wir veröffentlichen Ihre Hausarbeit,
  Bachelor- und Masterarbeit

- Ihr eigenes eBook und Buch -
  weltweit in allen wichtigen Shops

- Verdienen Sie an jedem Verkauf

Jetzt bei www.GRIN.com hochladen
und kostenlos publizieren